Retratos

A TRAVÉS DE LOS TIEMPOS EN LA HISTORIA DEL ARTE

LYNN RICHARDSON

SALO LYNN ARTS

PLAN DE ESTUDIOS PARA EL PRIMER DÍA

1.5 HORAS - 90 MINUTOS

NOMBRE DE LA LECCIÓN: Explorando el arte de las cuevas de Lescaux

NIVEL DE GRADO: Colegio Universitario

ASIGNATURA: Inglés como segunda lengua (ESL)/Arte

RESUMEN DEL CURSO: Autorretratos a través de la historia del arte es un curso que proporcionará un contexto para que los estudiantes de inglés experimenten el autodescubrimiento a través del arte. Cuando el arte se incorpora en el plan de estudios de ESL mejora el compromiso y la comprensión de los estudiantes, aumenta la actividad de todo el cerebro, y desafía el crecimiento general en el proceso de aprendizaje.

OBJETIVOS DEL CURSO: Autorretratos a través de las épocas de la historia del arte es un curso que proporcionará un contexto para que los estudiantes de inglés experimenten el autodescubrimiento a través del arte. Cuando el arte se incorpora en el plan de estudios básico de la materia de Inglés como segunda lengua (ESL), mejora el compromiso y la comprensión de los estudiantes, aumenta la actividad de todo el cerebro, y estimula el crecimiento general en el proceso de aprendizaje.

ESTÁNDARES EDUCATIVOS ABORDADOS:

Introducción y resumen del programa Syllabus	10 Minutos	Información Instructiva	Explicación del curso, programa, requisitos y explicación de los autorretratos. Los autorretratos de los estudiantes se emplearán para demostrar cómo sus sentimientos y experiencias pueden reflejarse a través de sus obras de arte. Los estudiantes deberán examinar sus sentimientos y elegir imágenes que expresen su personalidad con respecto a los artistas que elijan partiendo del periodo prehistórico de las obras de arte de las Cuevas de Lescaux.
Prueba breve Wood-Cock-Munoz o prueba similar para evaluar el nivel de dominio del inglés de los estudiantes. El Woodcock-Munoz Language Survey Revised (WMLS-R) incluye un cuestionario rápido y sencillo (cuatro pruebas) y una batería más completa de siete pruebas, ambas diseñadas para medir la capacidad lingüística en inglés de los estudiantes (por ejemplo, estudiantes de ESL). Las siete pruebas que componen el WMLS-R miden las áreas críticas de comprensión oral, expresión oral, lectura y escritura.	15 Minutos		Tras la instrucción, los estudiantes realizan una breve prueba de evaluación para determinar si se encuentran en el nivel inicial, intermedio o avanzado de su dominio del inglés.

Actividades rompehielos	20 Minutos	Práctica Guiada	Los estudiantes pueden tener una sesión de preguntas y respuestas y aprender de la cultura de los demás, lo que les gusta, lo que no les gusta, sus costumbres... ¿Qué es lo que más les gusta hacer, qué tipos de arte admiran, etc.? Guíe a los estudiantes en los debates y pídeles que estudien las imágenes de los cuadros del arte mural de las Cuevas de Lescaux. ¿Qué imágenes les gustaría representar que describan mejor sus personalidades?
Vídeo/Material de YouTube sobre las Cuevas de Lescaux	20 Minutos	Vocabulario: Artista, autorretrato, representación, imagen, expresión propia del arte, mural, prehistórico	Los estudiantes se dividen en grupos, toman notas, ven y escuchan el vídeo sobre el mural rupestre de las Cuevas de Lescuax. Deberán anotar en sus cuadernos las nuevas palabras del vocabulario que desconozcan. Tendrán a su disposición varios diccionarios en su lengua materna si los necesitan.
Pausa para estudiantes	10 Minutos	Los estudiantes disponen de un breve tiempo de relajación	Los estudiantes pueden comprar un tentempié o traer el suyo propio. A veces el profesor traerá un tentempié sorpresa... tal vez un tentempié de "hombre de las cavernas".

Actividades	10 Minutos	Práctica independiente	Después de que los estudiantes tomen notas tras ver y escuchar el vídeo, pueden empezar a dibujar cualquiera de las imágenes que hayan admirado (personas o animales) y escribir una breve frase sobre lo que más les haya llamado la atención o interesado. A continuación, pregúnteles ¿Alguna de estas imágenes les ayudaría a expresar su personalidad?
Grupos de Debate	10 Minutos	Clausura/ Reflexión de los alumnos/ Conexiones con la vida real	Los estudiantes debaten en pequeños grupos sobre sus reflexiones y comienzan a indagar sobre ejemplos de arte autoexpresivo en los murales de las Cuevas de Lescaux. Deben hacer un pequeño dibujo como si vivieran en una cueva y representarse a sí mismos como un cavernícola. Escribe una frase sobre cómo el hombre moderno representa hoy los murales como una conexión con la vida real.

Instrucción Diferenciada	Posteri-ormente	Instrucción DIferenciada	Los estudiantes pueden establecer conexiones interdisciplinares explorando la vida y la época de los cavernícolas prehistóricos. Este será el primer periodo de historia del arte de seis en el que los estudiantes se representarán a sí mismos como cavernícolas de la época. Vincent Van Gough y Frida Kahlo son algunos de los artistas más conocidos por sus interesantes autorretratos. Los estudiantes aprenderán a representarse a sí mismos en seis periodos diferentes de la historia del arte. Los estudiantes también pueden elegir hacer un dibujo de Frida Kahlo como una mujer de las cavernas. Pueden crear autorretratos desde la perspectiva de otras personas: tal vez de un compañero de clase o como una figura histórica importante.
Materiales	—	—	Cuaderno personal y suministros artísticos como lápices de dibujo y papel artístico, según sea necesario, y material de escritura.
Herramientas de evaluación:	—	—	Mundo en grupo, Demostración de habilidad, Labor creativa y Presentación

Lectura del curso: "Part I The Framework"& "Prut II Strategies" páginas 1-17

ESTÁNDARES EDUCATIVOS ABORDADOS: Estándares WIDA del Desarrollo de la Lengua Inglesa (ELD): Estándar 1: Lenguaje social e instruccional: Decisiones Informadas College R Career WIDA: Estándar 2 Desarrollo de la Lengua Inglesa (ELD): El lenguaje de las artes lingüísticas.

Ampliación de los Estándares de Desarrollo de la Lengua Inglesa de WIDA 2012, Kinder-Grado 12 ("Los Estándares del Desarrollo de la Lengua Inglesa (ELD)") son propiedad de la Junta de Regentes del Sistema de la Universidad de Wisconsin, en nombre del Consorcio WIDA. Junta de Regentes del Sistema universitario de Wisconsin, en nombre del Consorcio WIDA-www.wida.us. 2012

CONEXIÓN: *Estándares Básicos Comunes de Lectura para Textos Informativos, Integración de Conocimientos e Ideas #7: Integrar y evaluar múltiples fuentes de información presentadas en diferentes medios o formatos (por ejemplo, visualmente, cuantitativamente), así como en palabras con el fin de abordar una pregunta o resolver un problema.*

ESTÁNDARES NACIONALES PARA LA EDUCACIÓN ARTÍSTICA: Los estándares describen lo que cada estudiante entre grados K-12 debe saber y ser capaz de hacer en las artes. Los estándares fueron desarrollados por el Consorcio de la Asociación Nacional de Educación Artística.

ESTÁNDAR 1 DE ARTES VISUALES (GRADOS 9-12): Comprensión y aplicación de medios, técnicas y procesos

ESTÁNDAR 2 DE ARTES VISUALES (GRADOS 9-12): Utilizando el conocimiento de estructuras y funciones

ESTÁNDAR 3 DE ARTES VISUALES (GRADOS 9-12): Elegir y evaluar una serie de temas, símbolos e ideas.

ESTÁNDAR 4 DE ARTES VISUALES (GRADOS 9-12): Comprender las artes visuales en relación con la historia y las culturas

ESTÁNDAR 5 DE ARTES VISUALES (GRADOS 9-12): Reflexionar y evaluar las características y los méritos de su trabajo y del trabajo de los demás.

ESTÁNDAR 6 DE ARTES VISUALES (GRADOS 9-12): Crear conexiones entre las artes visuales y otras disciplinas

PLAN DE ESTUDIOS PARA EL SEGUNDO DÍA

1.5 HORAS - 90 MINUTOS

NOMBRE DE LA LECCIÓN: Explorando el arte y la cultura del Antiguo Egipto

NIVEL DE GRADO: Colegio Universitario

ASIGNATURA: Inglés como segunda lengua (ESL)/Arte

RESUMEN DEL CURSO: Autorretratos a través de las épocas de la historia del arte es un curso que proporcionará un contexto para que los estudiantes de inglés experimenten el autodescubrimiento a través del arte. Cuando el arte se incorpora en el plan de estudios básico de la materia de Inglés como segunda lengua (ESL), mejora el compromiso y la comprensión de los estudiantes, aumenta la actividad de todo el cerebro, y estimula el crecimiento general en el proceso de aprendizaje.

OBJETIVOS DEL CURSO: Al finalizar este curso el estudiante será capaz de identificar y reconocer seis períodos de la historia del arte, aprender nuevo vocabulario, y ser capaz de expresar sus sentimientos a través de la palabra escrita, discusiones orales, y la experiencia deL autodescubrimiento a través de la vía del arte. Pueden establecer conexiones interdisciplinarias mientras exploran la vida y la época de los retratistas y crean su propio autorretrato desde la perspectiva de diferentes épocas y artistas. Los alumnos pueden crear una obra artística única y sentirse realizados.

EXPLORANDO EL ARTE Y LA CULTURA DEL ANTIGUO EGIPTO

Revisión de la descripción general del curso, el programa y las tareas	10 Minutos	Información Instructiva	La profesora acercará a los estudiantes al mundo del arte y la cultura egipcia. Mostrará y describirá cómo creó las obras de arte que representan su versión del mundo egipcio.
Los estudiantes comienzan a investigar sobre el arte y la cultura egipcia a medida que examinan folletos, libros y demás material relevante.	20 Minutos	Práctica Guiada	Los estudiantes verán los folletos y leerán detenidamente los materiales que describen el arte y la cultura egipcia. La profesora hará de guía leyendo en voz audible. Los estudiantes se dividirán en grupos y se turnan para leer en voz alta. Pueden optar por la lectura en parejas o la lectura coral, según explica la profesora.
Clips y fragmentos de la escena final de la tumba de la ópera Aida	20 Minutos	Vocabulario: Tumba, sarcófago, faraón	Los estudiantes observan, escuchan, toman notas y reflexionan sobre algunas de las personalidades de la ópera vista a las que les gustaría representar y que podrían reflejar su personalidad. ¿Qué personaje les llamó más la atención y qué vieron en alguno de los personajes que hayan visto en ellos mismos?
Pausa para estudiantes	10 Minutos	Los estudiantes disponen de un breve tiempo de relajación	Los estudiantes pueden comprar un tentempié o traer uno propio. A veces la profesora puede traer un tentempié especial (tal vez un tentempié egipcio).

Actividades y materiales: Se proporcionarán papel o tela, material para representar mu-ra les, así como set de acuarelas y pinturas de colores.	l5 Minutos	Práctica Inependiente	Los estudiantes se pondrán de acuerdo sobre la frase que escribirán sobre el personaje de su autorretrato. Hoy aprenderán a pintar utilizando colores. La profesora explicará que pintar es dibujar en color y demostrará la técnica. Los estudiantes crearán representaciones de sí mismos o de su personaje favorito en acuarela sobre papel o tela especial y escribirán una frase corta que exprese sus sentimientos y emociones. Podrán empezar sus dibujos.
Grupos de Debate	15 Minutos	Clausura/ Reflexión de los estudiantes/ Vínculos con la vida real	Los estudiantes reflexionan sobre sus pensamientos y escritos acerca de la vida, el arte y la cultura egipcia. Los estudiantes pueden tener preguntas de tipo socrático sobre cómo la vida y el arte en Egipto difieren hoy en día.
Herramientas de evaluación: Guía de rúbricas artísticas	—	—	Labor creativa (de grupo e individual), presentación, demostración de habilidad, participación activa.
Formación diferenciada			Los estudiantes podrían representar una escena como egipcios en una situación de la vida cotidiana, como ir al mercado y comprar los artículos necesarios.

Curso de lectura: "Arte Dramático" páginas 19-37

ESTÁNDARES EDUCATIVOS ABORDADOS: Estándares WIDA del Desarrollo de la Lengua Inglesa (ELD): Estándar 1: Lenguaje social e instruccional: Decisiones Informadas College R Career WIDA: Estándar 2 Desarrollo de la Lengua Inglesa (ELD): El lenguaje de las artes lingüísticas.

Ampliación de los Estándares de Desarrollo de la Lengua Inglesa de WIDA 2012, Kinder-Grado 12 ("Los Estándares del Desarrollo de la Lengua Inglesa (ELD)") son propiedad de la Junta de Regentes del Sistema de la Universidad de Wisconsin, en nombre del Consorcio WIDA. Junta de Regentes del Sistema universitario de Wisconsin, en nombre del Consorcio WIDA-www.wida.us. 2012

CONEXIÓN: *Estándares Básicos Comunes de Lectura para Textos Informativos, Integración de Conocimientos e Ideas #7: Integrar y evaluar múltiples fuentes de información presentadas en diferentes medios o formatos (por ejemplo, visualmente, cuantitativamente), así como en palabras con el fin de abordar una pregunta o resolver un problema.*

ESTÁNDARES NACIONALES PARA LA EDUCACIÓN ARTÍSTICA: Los estándares describen lo que cada estudiante entre grados K-12 debe saber y ser capaz de hacer en las artes. Los estándares fueron desarrollados por el Consorcio de la Asociación Nacional de Educación Artística.

ESTÁNDAR 1 DE ARTES VISUALES (GRADOS 9-12): Comprensión y aplicación de medios, técnicas y procesos

ESTÁNDAR 2 DE ARTES VISUALES (GRADOS 9-12): Utilizando el conocimiento de estructuras y funciones

ESTÁNDAR 3 DE ARTES VISUALES (GRADOS 9-12): Elegir y evaluar una serie de temas, símbolos e ideas.

ESTÁNDAR 4 DE ARTES VISUALES (GRADOS 9-12): Comprender las artes visuales en relación con la historia y las culturas

ESTÁNDAR 5 DE ARTES VISUALES (GRADOS 9-12): Reflexionar y evaluar las características y los méritos de su trabajo y del trabajo de los demás.

ESTÁNDAR 6 DE ARTES VISUALES (GRADOS 9-12): Crear conexiones entre las artes visuales y otras disciplinas.

PLAN DE ESTUDIOS PARA EL TERCER DÍA

1.5 HORAS - 90 MINUTOS

NOMBRE DE LA LECCIÓN: Explorando el mundo del arte griego

GRADO LEYEL: Colegio Universitario

ASIGNATURA: Inglés como segunda lengua (ESL)/Arte

RESUMEN DEL CURSO: Autorretratos a través de las épocas de la historia del arte es un curso que proporcionará un contexto para que los estudiantes de inglés experimenten el autodescubrimiento a través del arte. Cuando el arte se incorpora en el plan de estudios básico de la materia de Inglés como segunda lengua (ESL), mejora el compromiso y la comprensión de los estudiantes, aumenta la actividad de todo el cerebro, y estimula el crecimiento general en el proceso de aprendizaje.

OBJETIVOS DEL CURSO: Al finalizar este curso el estudiante será capaz de identificar y reconocer seis períodos de la historia del arte, aprender nuevo vocabulario, y ser capaz de expresar sus sentimientos a través de la palabra escrita, discusiones orales, y la experiencia de autodescubrimiento a través del arte. Las explicaciones de cada periodo artístico y cultura seguirán el formato del curso. Los estudiantes pueden hacer conexiones interdisciplinarias a medida que exploran la vida y la época de los artistas del autorretrato y crear su propio autorretrato desde la perspectiva de diferentes períodos de tiempo y artistas. Los estudiantes pueden crear una obra artística que es totalmente única y obtener un sentido de logro.

Introducción al Curso	10 Minutos	Información Instructiva	La profesora ofrecerá a los estudiantes una breve introducción sobre la historia del arte griego y dispondrá de imágenes, materiales y fuentes de Internet para compartir con los estudiantes. La profesora traerá una obra de arte en técnica mixta de estilo griego titulada " Daedalus' Delta" para compartirla con los estudiantes. La profesora compartirá información sobre los artistas y artesanos de la Antigua Grecia que han elaborado algunas de las obras de arte más impresionantes. Los estudiantes explorarán y descubrirán cómo la arquitectura y la escultura griegas siguen manteniendo los más altos niveles de excelencia en todo el mundo y aprenderán cómo los artesanos griegos han contribuido con técnicas especiales de pintura.
Actividades en Grupo	20 Minutos	Práctica Guiada	Los estudiantes comentarán los resultados de la investigación y ampliarán sus conocimientos previos sobre el arte griego. Tras el debate, los estudiantes describirán y escribirán frases cortas que relaten sus hallazgos sobre los retratos de las momias de Fayum y la pintura de género helenística y griega.

Vídeo sobre el estilo de las momias griegas de Fayum, Pinturas del género helenistico	10 Minutos	Vocabulario: Pintura de género, paisaje pintura, retratos de momias de Fayum, perspectiva lineal, encáustica, témpera	Los estudiantes anotarán las nuevas palabras del vocabulario. Después de investigar los dos estilos, los estudiantes pueden optar por participar en Actividades de Respuesta Total en las que representan los papeles de varios pintores griegos que ensalzan las virtudes de sus estilos pictóricos preferidos. Todos los estudiantes podrán expresar sus opiniones y preferencias y cambiar de rol.
Pausa para Estudiantes	10 Minutos	Los estudiantes tendrán un breve momento de descanso.	Los estudiantes pueden comprar un tentempié o traer uno propio. El profesor puede traer higos griegos o un aperitivo con hojas de parra como reconocimiento de la cultura culinaria griega.
Actividades	25 Minutos	Practica Independiente	La profesora describirá y dará información sobre cada tipo de estilo pictórico. Los estudiantes elegirán su estilo favorito para representarse a sí mismos. Se elegirá entre el estilo de las momias de Fayum y el estilo helenístico. Se pondrán a disposición de los estudiantes folletos e imágenes del arte griego. Después de que los estudiantes se representen a sí mismos en el estilo pictórico preferido, escribirán frases cortas que describan lo que les ha gustado de ese estilo y cómo encaja con su personalidad en particular.

Grupos de Debate	15 Minutos	Clausura/ Reflexión de los estudiantes/ Relación con la vida real	Los estudiantes debaten en grupos de cuatro. El líder del grupo puede presentar un breve informe oral sobre las reflexiones de los estudiantes acerca de cómo la escultura y la arquitectura griegas siguen influyendo e impactando en nuestro mundo moderno actual.
Instrucción Diferenciada	Posteriormente	Instrucción Diferenciada	Los estudiantes pueden elegir hacer una pequeña vasija griega de sculpey. La profesora demostrará y dará ejemplo de cómo amasar y formar con sculpey pequeñas vasijas griegas. El instructor se llevará los jarrones a casa y los horneará como corresponde. Cuando la profesora los devuelva, los participantes podrán pintar en ellos los diseños geométricos griegos que deseen.
Materiales: imágenes de pinturas del género helenístico griego, sculpey, papel artístico y de escritura según sea necesario.	--	--	Los estudiantes aprenderán a manipular el sculpey para formar vasos griegos.
Herramientas de evaluación: Rúbrica de arte	--	—	Trabajo en grupo, demostración de iniciativas creativas y presentación de habilidades.

Curso de lectura: "Escritura creativa" Páginas 41-52

ESTÁNDARES EDUCATIVOS ABORDADOS: Estándares WIDA del Desarrollo de la Lengua Inglesa (ELD): Estándar 1: Lenguaje social e instruccional: Decisiones Informadas College R Career WIDA: Estándar 2 Desarrollo de la Lengua Inglesa (ELD): El lenguaje de las artes lingüísticas.

Ampliación de los Estándares de Desarrollo de la Lengua Inglesa de WIDA 2012, Kinder-Grado 12 ("Los Estándares del Desarrollo de la Lengua Inglesa (ELD)") son propiedad de la Junta de Regentes del Sistema de la Universidad de Wisconsin, en nombre del Consorcio WIDA. Junta de Regentes del Sistema universitario de Wisconsin, en nombre del Consorcio WIDA-www.wida.us. 2012

CONEXIÓN: *Estándares Básicos Comunes de Lectura para Textos Informativos, Integración de Conocimientos e Ideas #7: Integrar y evaluar múltiples fuentes de información presentadas en diferentes medios o formatos (por ejemplo, visualmente, cuantitativamente), así como en palabras con el fin de abordar una pregunta o resolver un problema.*

ESTÁNDARES NACIONALES PARA LA EDUCACIÓN ARTÍSTICA: Los estándares describen lo que cada estudiante entre grados K-12 debe saber y ser capaz de hacer en las artes. Los estándares fueron desarrollados por el Consorcio de la Asociación Nacional de Educación Artística.

ESTÁNDAR 1 DE ARTES VISUALES (GRADOS 9-12): Comprensión y aplicación de medios, técnicas y procesos

ESTÁNDAR 2 DE ARTES VISUALES (GRADOS 9-12): Utilizando el conocimiento de estructuras y funciones

ESTÁNDAR 3 DE ARTES VISUALES (GRADOS 9-12): Elegir y evaluar una serie de temas, símbolos e ideas.

ESTÁNDAR 4 DE ARTES VISUALES (GRADOS 9-12): Comprender las artes visuales en relación con la historia y las culturas

ESTÁNDAR 5 DE ARTES VISUALES (GRADOS 9-12): Reflexionar y evaluar las características y los méritos de su trabajo y del trabajo de los demás.

ESTÁNDAR 6 DE ARTES VISUALES (GRADOS 9-12): Crear conexiones entre las artes visuales y otras disciplinas.

PLAN DE ESTUDIOS PARA EL CUARTO DÍA

1.5 HORAS -90 MINUTOS

NOMBRE DE LA LECCIÓN: Explorando el mundo del arte romano y el fresco

NIVEL DE GRADO: Colegio Universitario

ASIGNATURA: Inglés como segunda lengua (ESL)/Arte

RESUMEN DEL CURSO: Los autorretratos a través de la historia del arte es un curso que proporcionará un contexto para que los estudiantes de inglés experimenten el autodescubrimiento a través del arte. Cuando el arte se incorpora al plan de estudios básico de la materia de Inglés como segunda lengua (ESL), mejora el compromiso y la comprensión de los estudiantes, aumenta la actividad de todo el cerebro y estimula el crecimiento general en el proceso de aprendizaje.

OBJETIVOS DEL CURSO: Al finalizar este curso el estudiante será capaz de identificar y reconocer seis períodos de la historia del arte, aprender nuevo vocabulario, y ser capaz de expresar sus sentimientos a través de la palabra escrita, discusiones orales, y la experiencia de auto-descubrimiento a través del arte. Las explicaciones de cada periodo artístico y cultura seguirán el formato del curso. Los estudiantes pueden hacer conexiones interdisciplinarias a medida que exploran la vida y la época de los artistas del autorretrato y crear su propio autorretrato desde la perspectiva de diferentes períodos de tiempo y artistas. Los estudiantes pueden crear una obra artística que es totalmente única y obtener un sentido de logro.

EXPLORANDO EL MUNDO DEL ARTE ROMANO Y DEL FRESCO

Introducción al Tema	10 Minutos	Información Instructiva	La profesora hará una breve introducción a los estudiantes sobre la historia del arte romano y explicará cómo comenzó la pintura mural al fresco. La lección se centrará en ver y analizar ejemplos de frescos y autorretratos de la antigua ciudad de Pompeya en Roma.
Actividades en Grupo	20 Minutos	Práctica Guiada	Actualmente existen muchos ejemplos de autorretratos romanos en murales hermosamente pintados que se han conservado y restaurado. Los estudiantes investigarán y debatirán sobre los estilos romanos de pintura de retratos al fresco. Los estudiantes conversarán sobre los resultados de sus investigaciones y ampliarán sus conocimientos previos.
Videos de los murales y mosaicos de Pompeya	20 Minutos	Vocabulario: Pintura mural, al fresco, al seco, escultura funeraria, estatuas del estilo de vida, estilo La Tene, arte romano-celta, frisos	La profesora demuestra y ejemplifica a los estudiantes cuáles son las similitudes y diferencias y explica demostrando la comparación y el contraste entre los estilos de pintura al seco y al fresco. Los estudiantes escribirán sus propios y breves párrafos a modo de conclusión sobre el estilo que prefieren y por qué.
Pausa para estudiantes	10 Minutos	Los estudiantes disponen de un breve tiempo de relajación	Los estudiantes pueden comprar un tentempié o traer el suyo propio. A veces el profesor les sorprende y les trae un tentempié especial.

Actividades	15 Minutos	Práctica Independiente	Los estudiantes crearán dibujos de sí mismos con lápices de colores y se pintarán a sí mismos en el estilo fresco romano que prefieran. También pueden optar por trabajar con arcilla y construir su propia escultura en forma de friso al estilo romano.
Grupos de debate Podcast o viaje de realidad virtual a un famoso museo de arte	15 Minutos	Clausura/ Reflexión de los estudiantes/ Vínculos con la vida real	Los estudiantes pueden debatir en grupos de cuatro. El líder o portavoz de cada grupo puede hacer un breve informe oral sobre todas las reflexiones de los estudiantes.
Instrucción Diferenciada	Posteri-ormente	Instrucción Diferenciada	Los estudiantes pueden imaginar que son artistas en la antigua Roma. Pueden preguntarse a sí mismos en qué estilo de autorretrato preferirían ser pintados... al secco o al fresco y, a continuación, plasmar su pintura en el estilo pictórico que elijan.
Materiales	—	—	Materiales de arte como arcilla ligera, lápices de dibujo, acuarelas y acrílicos, así como papel artístico y material de escritura, según sea necesario.
Herramientas de evaluación:			Mundo en grupo, Demostración de habilidad, Labor creativa y Presentación. El proceso de creación artística y la participación activa en la creación se consideran más importantes que la calidad del producto final. (Es decir, lo que cuenta es el descubrimiento, la indagación, el análisis y la expresión).

Curso de lectura: "Música y ritmo" Páginas 55-66

ESTÁNDARES EDUCATIVOS ABORDADOS: Estándares WIDA del Desarrollo de la Lengua Inglesa (ELD): Estándar 1: Lenguaje social e instruccional: Decisiones Informadas College R Career WIDA: Estándar 2 Desarrollo de la Lengua Inglesa (ELD): El lenguaje de las artes lingüísticas.

Ampliación de los Estándares de Desarrollo de la Lengua Inglesa de WIDA 2012, Kinder-Grado 12 ("Los Estándares del Desarrollo de la Lengua Inglesa (ELD)") son propiedad de la Junta de Regentes del Sistema de la Universidad de Wisconsin, en nombre del Consorcio WIDA. Junta de Regentes del Sistema universitario de Wisconsin, en nombre del Consorcio WIDA-www.wida.us. 2012

CONEXIÓN: *Estándares Básicos Comunes de Lectura para Textos Informativos, Integración de Conocimientos e Ideas #7: Integrar y evaluar múltiples fuentes de información presentadas en diferentes medios o formatos (por ejemplo, visualmente, cuantitativamente), así como en palabras con el fin de abordar una pregunta o resolver un problema.*

ESTÁNDARES NACIONALES PARA LA EDUCACIÓN ARTÍSTICA: Los estándares describen lo que cada estudiante entre grados K-12 debe saber y ser capaz de hacer en las artes. Los estándares fueron desarrollados por el Consorcio de la Asociación Nacional de Educación Artística.

ESTÁNDAR 1 DE ARTES VISUALES (GRADOS 9-12): Comprender y aplicar medios, técnicas y procesos.

ESTÁNDAR 2 DE ARTES VISUALES (GRADOS 9-12): Usar el conocimiento de estructuras y funciones.

ESTÁNDAR 3 DE ARTES VISUALES (GRADOS 9-12): Elegir y evaluar una serie de temas, símbolos e ideas.

ESTÁNDAR 4 DE ARTES VISUALES (GRADOS 9-12) : Comprender las artes visuales en relación con la historia y las culturas.

ESTÁNDAR 5 DE ARTES VISUALES (GRADOS 9-12): Reflexionar y evaluar las características y los méritos de su trabajo y del trabajo de los demás.

ESTÁNDAR 6 DE ARTES VISUALES (GRADOS 9-12): Establecer conexiones entre las artes visuales y otras disciplinas.

PLAN DE ESTUDIOS PARA EL QUINTO DÍA

1.5 HORAS - 90 MINUTOS

NOMBRE DE LA LECCIÓN: salida de campo al Museo de Arte de Dallas (DMA) o visita con realidad virtual al Museo de Versalles en París

GRADO: Colegio Universitario

SUBJECT: SSL/Arte

DESCRIPCIÓN DEL CURSO: Autorretratos a través de las épocas de la historia del arte es un curso que proporcionará un contexto para que los estudiantes de inglés experimenten el autodescubrimiento a través del arte. Cuando el arte se incorpora en el plan de estudios básico de la materia de Inglés como segunda lengua (ESL), mejora el compromiso y la comprensión de los estudiantes, aumenta la actividad de todo el cerebro, y estimula el crecimiento general en el proceso de aprendizaje.

OBJETIVOS DEL CURSO: Al finalizar este curso, el alumno será capaz de identificar y reconocer seis periodos de la historia del arte, aprender nuevo vocabulario y ser capaz de expresar sus sentimientos a través de la escritura, discusiones orales y experimentar el autodescubrimiento a través del arte. Podrán establecer conexiones interdisciplinares mientras exploran la vida y la época de los artistas que se autorretratan, mientras crean su propio autorretrato desde la perspectiva de diferentes épocas y artistas. Los alumnos pueden crear una obra artística única y sentirse realizados.

SALIDA DE CAMPO AL MUSEO DE ARTE DE DALLAS/DMA

Introducción a la salida de campo al Museo de Arte de Dallas (DMA) o visita en realidad virtual por ordenador/vídeo al Museo de Arte de Versalles	10 Minutos	Información instructiva	La profesora y los alumnos se reunirán en el Museo de Arte de Dallas (DMA) o, si no es posible, se reunirán en el aula para realizar una visita de realidad virtual del arte del Museo de Versalles en París, Francia. La Visita de Realidad Virtual se tratará de la misma manera que si estuviéramos en Versalles viendo el arte y concentrándose en los seis periodos históricos de arte estudiados. La profesora y los estudiantes verán las seis épocas de la historia del arte en nuestro curso, pero si el tiempo lo permite, podemos explorar más, tal vez todo el arte en el Museo de Arte de Dallas (DMA). Los estudiantes y los profesores pueden traer bloques de dibujo (si lo desean) y tomar notas mientras anotan sus observaciones y hacen bocetos rápidos. Los alumnos deben hacer observaciones y tomar notas sobre las obras que más les han impresionado, pero también de las que menos les han gustado. Anotar observaciones, ayuda a los estudiantes a fortalecer y desarrollar el pensamiento crítico.

Actividades grupales	30 Minutos	Tour guiado	Es posible que tengamos o no una visita guiada. Como grupo de estudiantes, es posible que obtengamos una tarifa de grupo con descuento y que podamos realizar una visita guiada por un docente cualificado que conozca muy bien todas las obras de arte del Museo de Arte de Dallas (DMA); de lo contrario, se organizará visita guiada propia.
Interacciones entre profesores y estudiantes	10 Minutos	Vocabulario: Cualquier palabra nueva que los alumnos descubran y deseen anotar en sus cuadernos mientras exploran el arte	La profesora siempre orienta y sirve de modelo de buen comportamiento en público cuando viaja con los alumnos.
Café	20 Minutos	Es posible que los estudiantes y la profesora hagan una parada en el Café del Museo de Arte de Dallas para tomar algo.	Los estudiantes pueden votar para decidir si el grupo visita el Café del Museo de Arte de Dallas (DMA) para comer algo y contemplar las hermosas obras de arte en cristal de Chalullv.

Museo de Arte de Dallas (DMA)	10 Minutos	Clausura/ Reflexión de los alumnos/ Conexiones con la vida real	Los estudiantes pueden hacer observaciones y tomar notas de todos los diferentes medios que se exponen y que han sido empleados por diferentes artistas y artesanos. Más tarde, cuando la clase se reúna de nuevo, los alumnos pueden debatir sobre sus notas de observación acerca de lo que les gusta y lo que no les gusta y sobre el uso que hacen los artistas de los distintos medios artísticos.
Instrucción diferenciada	Posteri-ormente	Instrucción diferenciada	Restaurante EFL diario TPR Juego de rol "Cafetería Odaiba". Los alumnos pueden imaginarse que son docentes en el museo y pueden clasificar y trazar líneas temporales de todos los periodos de la historia del arte.
Materiales	-	Blocs de dibujo y cuadernos	
Herramientas de evaluación:			Observaciones y comentarios en cuadernos

Sin curso de lectura

ESTÁNDARES EDUCATIVOS ABORDADOS: Estándares WIDA del Desarrollo de la Lengua Inglesa (ELD): Estándar 1: Lenguaje social e instruccional: Decisiones Informadas College R Career WIDA: Estándar 2 Desarrollo de la Lengua Inglesa (ELD): El lenguaje de las artes lingüísticas

Ampliación de los Estándares de Desarrollo de la Lengua Inglesa de WIDA 2012, Kinder-Grado 12 ("Los Estándares del Desarrollo de la Lengua Inglesa (ELD)") son propiedad de la Junta de Regentes del Sistema de la Universidad de Wisconsin, en nombre del Consorcio WIDA. Junta de Regentes del Sistema universitario de Wisconsin, en nombre del Consorcio WIDA-www.wida.us. 2012

CONEXIÓN: *Estándares Básicos Comunes de Lectura para Textos Informativos, Integración de Conocimientos e Ideas #7: Integrar y evaluar múltiples fuentes de información presentadas en diferentes medios o formatos (por ejemplo, visualmente, cuantitativamente), así como en palabras con el fin de abordar una pregunta o resolver un problema.*

ESTÁNDARES NACIONALES PARA LA EDUCACIÓN ARTÍSTICA: Los estándares describen lo que cada estudiante entre grados K-12 debe saber y ser capaz de hacer en las artes. Los estándares fueron desarrollados por el Consorcio de la Asociación Nacional de Educación Artística.

ESTÁNDAR 1 DE ARTES VISUALES (GRADOS 9-12): Comprender y aplicar medios, técnicas y procesos.

ESTÁNDAR 2 DE ARTES VISUALES (GRADOS 9-12): Usar el conocimiento de estructuras y funciones.

ESTÁNDAR 3 DE ARTES VISUALES (GRADOS 9-12): Elegir y evaluar una serie de temas, símbolos e ideas.

ESTÁNDAR 4 DE ARTES VISUALES (GRADOS 9-12): Comprender las artes visuales en relación con la historia y las culturas.

ESTÁNDAR 5 DE ARTES VISUALES (GRADOS 9-12): Reflexionar y evaluar las características y los méritos de su trabajo y del trabajo de los demás.

ESTÁNDAR 6 DE ARTES VISUALES (GRADOS 9-12): Establecer conexiones entre las artes visuales y otras disciplinas.

PLAN DE ESTUDIOS PARA EL DÍA SEXTO

1.5 HORAS - 90 MINUTOS

NOMBRE DE LA SECCIÓN: Explorando el arte de los impresionistas

GRADE LEVEL: Colegio Universitario

SUBJECT: Inglés como segunda lengua (ESL)/Arte

DESCRIPCIÓN DEL CURSO: Los autorretratos a través de la historia del arte es un curso que proporcionará un contexto para que los estudiantes de inglés experimenten el autodescubrimiento a través del arte. Cuando el arte se incorpora al plan de estudios básico de la materia de Inglés como segunda lengua (ESL), mejora el compromiso y la comprensión de los estudiantes, aumenta la actividad de todo el cerebro y estimula el crecimiento general en el proceso de aprendizaje.

OBJETIVOS DEL CURSO: Al finalizar este curso, el alumno será capaz de identificar y reconocer seis periodos de la historia del arte, aprender nuevo vocabulario y ser capaz de expresar sus sentimientos a través de la escritura, discusiones orales y experimentar el autodescubrimiento a través del arte. Podrán establecer conexiones interdisciplinares mientras exploran la vida y la época de los artistas que se autorretratan, mientras crean su propio autorretrato desde la perspectiva de diferentes épocas y artistas. Los alumnos pueden crear una obra artística única y sentirse realizados.

EXPLORANDO EL ARTE DE LOS IMPRESIONISTAS

Introducción a la lección	10 Minutos	Información instructiva	La profesora hará una breve introducción a los alumnos sobre los movimientos impresionista y expresionista y hablará de algunos de los autorretratos más llamativos, como los de Vincent Van Gogh, Auguste Renoir y Paul Gauguin.
Vídeos y materiales sobre Impresionismo y Expresionismo About. com Video: ¿Qué es el Impresionismo?	20 Minutos	Práctica guiada	Mientras la profesora proyecta los vídeos, los alumnos tomarán notas y enumerarán todos los pintores impresionistas y expresionistas. Asimismo, escribirán una frase sobre el estilo pictórico de cada uno de ellos. El profesor ayudará a los alumnos a responder preguntas y proporcionará materiales de investigación. La clase centrará su atención en los pintores impresionistas Auguste Renoir, Paul Gauguin y Vincent Van Gogh..
El cyber laboratorio de Randall de escucha de Inglés como segunda lengua (ESL)	20 Minutos	Vocabulario: Impresionismo, fau- vismo. Expresionismo	Los estudiantes participan en actividades de escucha y respuesta a medida que aprenden a utilizar sus nuevas palabras de vocabulario en múltiples situaciones. El cyber laboratorio de Randall de escucha de Inglés como segunda lengua (ESL) tiene varias opciones de actividades de escucha y respuesta.
Pausa para estudiantes	10 Minutos	Los estudiantes tienen un tiempo corto de relajación	Los alumnos pueden recibir un tentempié o traer uno propio. A veces la profesora los sorprende y les trae un tentempié especial.

Actividades	15 Minutos	Práctica independiente	Los alumnos utilizarán colores pasteles y marcadores mágicos para dibujar sus creaciones artísticas en papel de cera, al estilo de Vincent Van Gogh o Paul Gaugin. Los alumnos escribirán un breve resumen de lo que han aprendido sobre el Impresionismo y el Expresionismo y por qué les ha gustado o no este estilo; también expresarán mediante la escritura si alguno de estos personajes expresa algún aspecto de su propia personalidad. Pueden utilizar su nuevo vocabulario para establecer conexiones con nuevos pensamientos.
Grupos de debate	15 Minutos	Clausura/ Reflexión de los alumnos/ Conexiones con la vida real	Los alumnos pueden entablar debates en grupos de tres o cuatro o de forma colectiva. Si se sientan en semicírculo, podrían realizar una lectura simultánea. Cada grupo podría alternar la lectura simultánea y la lectura en círculo mientras comparten sus ideas y opiniones sobre la historia y la importancia del movimiento (impresionista) en su trabajo.
Instrucción diferenciada	Posteri- ormente	Instrucción diferenciada	Los alumnos podrían participar en una actividad de Respuesta Física Total, representando una breve obra de teatro que ellos mismos imaginaron y escribieron sobre la corta vida de Vincent Van Gogh. Podrían turnarse para representar el malentendido entre Gaugin y Van Gogh.

Materiales		—	Los materiales de arte incluirán papel artístico y un amplio conjunto de colores pastel y marcadores de colores.
Herramientas de evaluación:	—		Trabajo en grupo, demostración de habilidad, esfuerzos creativos y presentación. El proceso de creación artística y la participación activa en la creación se consideran más importantes que la calidad del producto final. (es decir, descubrimiento, indagación, análisis y expresión).

Curso de lectura: "Danza y Movimiento" Páginas 68-77

ESTÁNDARES EDUCATIVOS ABORDADOS: Estándares WIDA del Desarrollo de la Lengua Inglesa (ELD): Estándar 1: Lenguaje social e instruccional: Decisiones Informadas College R Career WIDA: Estándar 2 Desarrollo de la Lengua Inglesa (ELD): El lenguaje de las artes lingüísticas

Ampliación de los Estándares de Desarrollo de la Lengua Inglesa de WIDA 2012, Kinder-Grado 12 ("Los Estándares del Desarrollo de la Lengua Inglesa (ELD)") son propiedad de la Junta de Regentes del Sistema de la Universidad de Wisconsin, en nombre del Consorcio WIDA. Junta de Regentes del Sistema universitario de Wisconsin, en nombre del Consorcio WIDA-www.wida.us. 2012

CONEXIÓN: *Estándares Básicos Comunes de Lectura para Textos Informativos, Integración de Conocimientos e Ideas #7: Integrar y evaluar múltiples fuentes de información presentadas en diferentes medios o formatos (por ejemplo, visualmente, cuantitativamente), así como en palabras con el fin de abordar una pregunta o resolver un problema.*

ESTÁNDARES NACIONALES PARA LA EDUCACIÓN ARTÍSTICA: Los estándares describen lo que cada estudiante entre grados K-12 debe saber y ser capaz de hacer en las artes. Los estándares fueron desarrollados por el Consorcio de la Asociación Nacional de Educación Artística.

ESTÁNDAR 1 DE ARTES VISUALES (GRADOS 9-12): Comprender y aplicar medios, técnicas y procesos.

ESTÁNDAR 2 DE ARTES VISUALES (GRADOS 9-12): Usar el conocimiento de estructuras y funciones.

ESTÁNDAR 3 DE ARTES VISUALES (GRADOS 9-12): Elegir y evaluar una serie de temas, símbolos e ideas.

ESTÁNDAR 4 DE ARTES VISUALES (GRADOS 9-12): Comprender las artes visuales en relación con la historia y las culturas.

ESTÁNDAR 5 DE ARTES VISUALES (GRADOS 9-12): Reflexionar y evaluar las características y los méritos de su trabajo y del trabajo de los demás.

ESTÁNDAR 6 DE ARTES VISUALES (GRADOS 9-12): Establecer conexiones entre las artes visuales y otras disciplinas.

PLAN DE ESTUDIOS PARA EL SÉPTIMO DÍA

1.5 HORAS -90 MINUTOS

NOMBRE DE LA LECCIÓN: Explorando el arte moderno y contemporáneo

GRADE LEVEL: Colegio Universitario

SUBJECT: Inglés como segunda lengua/Arte

DESCRIPCIÓN DEL CURSO: Los autorretratos a través de la historia del arte es un curso que proporcionará un contexto para que los estudiantes de inglés experimenten el autodescubrimiento a través del arte. Cuando el arte se incorpora al plan de estudios básico de la materia de Inglés como segunda lengua (ESL), mejora el compromiso y la comprensión de los estudiantes, aumenta la actividad de todo el cerebro y estimula el crecimiento general en el proceso de aprendizaje.

OBJETIVOS DEL CURSO: Al finalizar este curso, el alumno será capaz de identificar y reconocer seis periodos de la historia del arte, aprender nuevo vocabulario y ser capaz de expresar sus sentimientos a través de la escritura, discusiones orales y experimentar el autodescubrimiento a través del arte.

LECCIÓN #7: Al final de esta lección, los alumnos comprenderán cómo se desarrollaron las obras de Henri Matisse y Pablo Picasso y cómo siguen influyendo en el arte y la cultura actuales. Los alumnos compararán y contrastarán las obras de estos dos artistas en diferentes periodos de sus vidas. Podrán establecer conexiones interdisciplinarias mientras exploran la vida y la época de Matisse y Picasso y crean autorretratos expresando e infundiendo sus personalidades en los diferentes periodos de tiempo de estos artistas.

Los alumnos serán capaces de establecer conexiones entre sus experiencias y sentimientos personales como una obra de arte y utilizar sus habilidades de análisis visual para describir verbalmente los detalles. Los alumnos serán capaces de producir sus propias obras de arte creadas de forma única.

EXPLORANDO EL ARTE MODERNO Y CONTEMPORÁNEO

Descripción de la lección	10 Minutos	Información instructiva	La profesora hará una breve sinopsis sobre la vida y la época de Henri Matisse y Pablo Picasso, que contribuyeron a inspirar nuevos movimientos artísticos. Asimismo, repartirá diversos folletos informativos.
Vídeos, clips y sitios de Internet sobre Matisse y Picasso	20 Minutos	Práctica guiada	Los alumnos tomarán notas sobre la vida y la época de Picasso y Matisse mientras ven vídeos y clips. Pueden participar en lecturas compartidas por parejas a partir de los folletos. Después de ver el vídeo, los alumnos revisarán datos sobre estos dos artistas. Pueden responder estrictamente: 1. ¿De qué país era cada artista? 2. ¿Cuándo empezaron Matisse y Picasso a pintar profesionalmente?
Computador: Vídeos y clips sobre Matisse y Picasso Materiales: uso de páginas web de Internet, trozos de madera, objetos encontrados, pegamento, alambre	15 Minutos	Vocabulario: Abstracto Expresionismo, cubismo, escultura, impresionismo, medio, paleta, contexto, surrealismo	Los alumnos anotarán las nuevas palabras del vocabulario, registrarán sus significados y escribirán frases significativas que demuestren su comprensión. "Esto siempre será parte de sus tareas escritas".

Pausa para estudiantes	10 Minutos	Los estudiantes tienen un tiempo corto de relajación	Los alumnos pueden recibir un tentempié o traer uno propio. A veces la profesora los sorprende y les trae un tentempié especial.
Actividades -Actividad de escritura seguida de una actividad artística	25 Minutos	Práctica independiente	Hay dos páginas web a las que los alumnos pueden acceder en el ordenador y que muestran obras específicas de Matisse y Picasso. Después de que los alumnos accedan a las páginas web, pueden dividirse en grupos de cuatro y trabajar juntos para escribir un pequeño párrafo que consistirá en frases que: 1. Describan las primeras obras de Matisse y Picasso. 2. ¿Qué otros artistas o movimientos podrían haber inspirado a Picasso y Matisse? Para concluir, los alumnos deben considerar y describir qué tenían de único, innovador o impactante los cuadros de Matisse y Picasso.

Acceder a internet por medio de de un computador a: Henri Matisse: Mujer con sombrero (1905) Pablo Picasso: Las Demoiselles d'Avignon (1907)	(10 Minutos: Actividad de escritura) (13) Minutos para actividad artística)		Actividad artística: cada alumno construirá su propia pequeña escultura con varias piezas de madera y objetos encontrados que la profesora le habrá proporcionado, la construirá de acuerdo con su propia percepción del arte moderno. Una vez que los alumnos hayan terminado de montar sus esculturas, pintarán coloridos diseños de estilo cubista de sus autorretratos, directamente sobre las esculturas de madera, ya sea al estilo de Matisse o al de Picasso (el estilo que consideren más cercano a sus personalidades).
Grupos de debate	15 Minutos	Clausura/ Reflexión de los alumnos/ Conexiones con la vida real	Debates de estudiantes sobre cómo el arte de Matisse y Picasso sigue influyendo en el mundo moderno de hoy.
Instrucción diferenciada d 'Avignon (1907) Plan de estudio de arte diferenciado basado en la obra de Andy Warhol por Stephanie Geider	Adicional	Instrucción diferenciada	Los alumnos pueden buscar la obra de Marisol Escobar, escultora francesa reconocida por sus innovadoras esculturas modernas, que han influido en el Arte Pop estadounidense.

Tarea diaria: Lectura del curso "Artes visuales" Páginas 79-99

RECURSOS ADICIONALES DE INTERNET:

Henri Matisse
MoMA: Matisse
http://www.moma.org/collection/browseresults.php?criteria= 0%3AAD%3AE%3A3832&pagenumber
=l&templateid=6&sortorder=!

Museo Metropolitano de Arte: Matisse
http://www.metrnuseum.org/toah/hd/mati/hdmati.htm

MoMA (Museo de Arte Moderno): Matisse
http://www.abcgaI1ery.com/M/matisse/matisse8.html
http://www.moma.org

Pablo Picasso
http://www.abcgallery.com/P/picasso/picasso.html

MoMA (Museo de Arte Moderno): Picasso
http://www.moma.org

Museo Metropolitano de Arte: Picasso
http://www.metrnuseum. org/toah/hd/pica/hdpica.htm

ESTÁNDARES EDUCATIVOS ABORDADOS: Estándares WIDA del Desarrollo de la Lengua Inglesa (ELD): Estándar 1: Lenguaje social e instruccional: Decisiones Informadas College R Career WIDA: Estándar 2 Desarrollo de la Lengua Inglesa (ELD): El lenguaje de las artes lingüísticas.

Ampliación de los Estándares de Desarrollo de la Lengua Inglesa de WIDA 2012, Kinder-Grado 12 ("Los Estándares del Desarrollo de la Lengua Inglesa (ELD)") son propiedad de la Junta de Regentes del Sistema de la Universidad de Wisconsin, en nombre del Consorcio WIDA. Junta de Regentes del Sistema universitario de Wisconsin, en nombre del Consorcio WIDA-www.wida.us. 2012

CONEXIÓN: *Estándares Básicos Comunes de Lectura para Textos Informativos, Integración de Conocimientos e Ideas #7: Integrar y evaluar múltiples fuentes de información presentadas en diferentes medios o formatos (por ejemplo, visualmente, cuantitativamente), así como en palabras con el fin de abordar una pregunta o resolver un problema.*

ESTÁNDARES NACIONALES PARA LA EDUCACIÓN ARTÍSTICA: Los estándares describen lo que cada estudiante entre grados K-12 debe saber y ser capaz de hacer en las artes. Los estándares fueron desarrollados por el Consorcio de la Asociación Nacional de Educación Artística.

ESTÁNDAR 1 DE ARTES VISUALES (GRADOS 9-12): Comprender y aplicar medios, técnicas y procesos.

ESTÁNDAR 2 DE ARTES VISUALES (GRADOS 9-12): Usar el conocimiento de estructuras y funciones.

ESTÁNDAR 3 DE ARTES VISUALES (GRADOS 9-12): Elegir y evaluar una serie de temas, símbolos e ideas.

ESTÁNDAR 4 DE ARTES VISUALES (GRADOS 9-12): Comprender las artes visuales en relación con la historia y las culturas.

ESTÁNDAR 5 DE ARTES VISUALES (GRADOS 9-12): Reflexionar y evaluar las características y los méritos de su trabajo y del trabajo de los demás.

ESTÁNDAR 6 DE ARTES VISUALES (GRADOS 9-12): Establecer conexiones entre las artes visuales y otras disciplinas.

PLAN DE ESTUDIOS PARA EL DÍA OCTAVO

1.5 HORAS -90 MINUTOS

NOMBRE DE LA LECCIÓN: Juntando todo/Línea de tiempo de los retratos de la historia del arte.

GRADE LEVEL: Colegio Universitario

SUBJECT: Inglés como segunda lengua (ESL)/Arte

DESCRIPCIÓN DEL CURSO: Los autorretratos a través de la historia del arte es un curso que proporcionará un contexto para que los estudiantes de inglés experimenten el autodescubrimiento a través del arte. Cuando el arte se incorpora al plan de estudios básico de la materia de Inglés como segunda lengua (ESL), mejora el compromiso y la comprensión de los estudiantes, aumenta la actividad de todo el cerebro y estimula el crecimiento general en el proceso de aprendizaje.

COURSE OBJECTIVES: Al finalizar este curso, el alumno será capaz de identificar y reconocer seis periodos de la historia del arte, aprender nuevo vocabulario y ser capaz de expresar sus sentimientos a través de la escritura, discusiones orales y experimentar el autodescubrimiento a través del arte.

En el plan de la lección nº 8, los alumnos realizarán un examen de evaluación final para comprobar su progreso general y su comprensión. Los alumnos trabajarán en grupos cooperativos y crearán una línea de tiempo visual que abarca cada período de la historia del arte y cada artista estudiado tras su examen final. Los autorretratos de los alumnos (que se han representado en diversos medios) se expondrán directamente junto a sus trabajos comunicativos escritos y se colocarán en orden cronológico.

Los alumnos tendrán la opción de exponer sus trabajos artísticos y escritos en una vitrina en el colegio y, como extensión de la enseñanza diferenciada, en la biblioteca pública del centro. Los alumnos deben sentir que han creado una obra de arte única de la que pueden sentirse orgullosos.

JUNTANDO TODO/LÍNEA DE TIEMPO DE LOS RETRATOS DE LA HISTORIA DEL ARTE.

Descripción de la lección	10 Minutos	Información instructiva	La profesora enseña cómo construir una línea de tiempo visual en orden cronológico, a partir de los autorretratos y los trabajos escritos de los alumnos .
Ejemplos y gráficos de cronogramas de historia del arte	20 Minutos	Práctica guiada	Alumnos y profesores trabajarán juntos y comenzarán a trazar una línea de tiempo visual y, a su vez, marcarán las obras de arte y escritas en orden cronológico.
Materiales: La Cronología Ilustrada de la Historia del Arte: Un curso acelerado en palabras e imágenes (Turtleback) por Carol Strickland PhD	20 Minutos	Vocabulario: Cultura Estética Actitudes sociopolíticas - leyes	La profesora hará un examen de evaluación final basado en las palabras del vocabulario, los artistas y los materiales que los alumnos han estado estudiando durante estas cuatro semanas sobre los seis periodos de la historia del arte.
Actividades - Los alumnos trabajan en equipo para elaborar un cronograma	10 Minutos	Práctica independiente	Los alumnos reúnen autorretratos y trabajos escritos. Los alumnos colaboran para organizar las obras en orden cronológico de forma visualmente agradable.
Pausa para estudiantes	10 Minutos		Tiempo para una pequeña relajación

Grupos de debate: Los alumnos trabajan en grupos colaborativos para crear una línea de tiempo.	20 Minutos	Clausura/ Reflexión de los alumnos/ Conexiones con la vida real	Una vez que los alumnos hayan terminado de dibujar las líneas de tiempo visuales, decidirán cómo colocar sus obras de arte y sus escritos. Los alumnos llevarán todas las obras terminadas a una vitrina dentro del colegio. Para concluir este curso, los alumnos podrán compartir sus experiencias de autodescubrimiento a través del arte. (Para que todos lo vean)
Instrucción diferenciada		Instrucción diferenciada	Los alumnos pueden añadir imágenes (de Internet) relacionadas con los principales acontecimientos mundiales, las nuevas tecnologías y los inventos.

Curso de lectura: Parte III páginas 105-119

EDUCATIONAL STANDARDS ADDRESSED:

Ampliación de los Estándares de Desarrollo de la Lengua Inglesa de WIDA 2012, Kinder-Grado 12 ("Los Estándares del Desarrollo de la Lengua Inglesa (ELD)") son propiedad de la Junta de Regentes del Sistema de la Universidad de Wisconsin, en nombre del Consorcio WIDA. Junta de Regentes del Sistema universitario de Wisconsin, en nombre del Consorcio WIDA-www.wida.us. 2012

Estándares WIDA para Inglés como segunda lengua (ESL): Estándar I: Lenguaje social e instructivo: Decisiones informadas para la Universidad y carrera profesional

CONEXIÓN: *Estándares Básicos Comunes de Lectura para Textos Informativos, Integración de Conocimientos e Ideas #7: Integrar y evaluar múltiples fuentes de información presentadas en diferentes medios o formatos (por ejemplo, visualmente, cuantitativamente), así como en palabras con el fin de abordar una pregunta o resolver un problema.*

ESTÁNDARES NACIONALES PARA LA EDUCACIÓN ARTÍSTICA: Los estándares describen lo que cada estudiante entre grados K-12 debe saber y ser capaz de hacer en las artes. Los estándares fueron desarrollados por el Consorcio de la Asociación Nacional de Educación Artística.

ESTÁNDAR 1 DE ARTES VISUALES (GRADOS 9-12): Comprender y aplicar medios, técnicas y procesos.

ESTÁNDAR 2 DE ARTES VISUALES (GRADOS 9-12): Usar el conocimiento de estructuras y funciones.

ESTÁNDAR 3 DE ARTES VISUALES (GRADOS 9-12): Elegir y evaluar una serie de temas, símbolos e ideas.

ESTÁNDAR 4 DE ARTES VISUALES (GRADOS 9-12): Comprender las artes visuales en relación con la historia y las culturas.

ESTÁNDAR 5 DE ARTES VISUALES (GRADOS 9-12): Reflexionar y evaluar las características y los méritos de su trabajo y del trabajo de los demás.

ESTÁNDAR 6 DE ARTES VISUALES (GRADOS 9-12): Establecer conexiones entre las artes visuales y otras disciplinas.